明信片中的日佔香港影像

張順光　陳照明 —— 著

目錄

序一

　　十多年前，有機會閱覽由 1930 至 1940 年代後期的多份報章，並將有用的大部分影印，著手編寫有關該段時期，亦包括三年零八個月的拙著。

　　為充實內容，亦努力搜尋相關的相片、明信片、文獻、鈔票、郵票，以及針紙及住民證等，當中以能夠顯示當時真實社會景象的照片及明信片，最為難求，出高價亦買不到。

　　後來承蒙香港歷史博物館借出多張相片，好友張順光先生和陳照明先生借出若干張珍罕明信片，拙著《香江冷月：香港的日治時代》才得以完成。

　　張順光先生及陳照明先生兩位珍藏之罕有明信片之多，無出其右，現將大量香港淪陷及前後時期之珍罕明信片，出版大作《明信片中的日佔香港影像》，使廣大讀者群得以瞭解更多當時的真相，實屬難得。謹祝這本大作洛陽紙貴，一紙風行。

鄭寶鴻謹識

2021 年 11 月 5 日

序二

　　以前的人往外地公幹或旅遊，總會寄張明信片回家給親友。一張小小的明信片，盛載了寄信人對親友深深的惦念，收件者亦感受到那份厚厚的情意。而過了若干年後，明信片更成為見證歷史的珍貴史料。

　　香港素有東方之珠的美譽，自從十九世紀晚期，來自世界各地的旅客絡繹於途。香港印製的風景明信片大受訪港旅客歡迎，保存下來的，如今都價值不菲了。而其中，又以日佔三年零八個月時期的明信片特別罕有，也格外珍貴，因為它記錄了日佔時期香港的時、地和人，而這正是百多年香港歷史中資料相對匱乏的時期。

　　本書的出版正填補了這個空白。書中的明信片來自兩位本地資深的收藏家張順光先生和陳照明先生，這些合共一百二十多幀明信片涵蓋了香港從戰爭前夕到戰後重生的整個時期，通過這些明信片和精簡的解說，我們可以認識到這段老一輩香港人不堪回首，而年輕人感到陌生的歷史片段的點點滴滴。比方香港動植物公園當時易名為大正公園，日佔政府曾擬將公園改建為「香港神社」，以宣示主權；半島酒店被徵用為憲兵司令部，後來改名為「東亞大酒店」；滙豐總行大廈被徵用作「香港佔領地總督部」，皇后像廣場改放一塊《佔領香港告諭》刻石，昭告各方日軍正統治香港的事實。

　　必須指出的是，當時日本發行的明信片帶有政治宣傳作用，部分更是由軍方發行，旨在粉飾太平，未必能全面客觀反映日佔時期真象，雖然如此，但它們仍具一定的參考作用。2021 年剛好是香港保衛戰及香港淪陷八十年，本書在此時面世，是最好的時機。謹此向廣大愛好香港歷史的讀者推薦。

丁新豹

辛丑立冬日

序三

　　八十年前的 12 月 8 日，日軍進攻香港，延伸了全面侵華的戰線，拉開了太平洋戰爭的序幕。十八天後，香港駐軍最終以投降結束戰鬥，香港旋即進入三年零八個月的淪陷時期。

　　今日重看日佔香港，這段遠去的歷史並沒有因為年代湮遠而變得模糊，反在不斷的重構與探索中愈見清晰。就歷史的事實而言，日佔時期是香港近代歷史最黑暗的日子，日佔政府以軍法統治香港，掠奪產業、驅逐住民、濫施酷刑等。在日佔結束後一段漫長歲月之中，這段歷史一直被掩埋，無論是英治政府或是日佔親歷者，都無意重新檢視這道曾經淌血的傷痕。不過，民間未有停止回顧這段歷史。事實上，日佔時期的香港是中國抗日戰爭以至太平洋戰爭的一個重要部分，也因此留下不少珍貴的口述歷史和紀錄視頻。例如不少參與戰鬥的老兵和遺屬都參與重構香港抗戰中十八日戰爭歷史的工作，發表了不少內容翔實的研究成果。

　　過去二十年，香港不少學者陸續為簡單而統一的淪陷印象增添細節，以不同角度探索日佔香港鮮為人知的歷史面貌。於是，讀者有機會一窺日本軍政鐵幕下香港小民的生活，日佔政府人員及家眷的娛樂消閒也引起了讀者的興趣，甚至淪陷時期的恐怖統治和憲兵暴行，也通過整理軍事法庭的檔案，公諸於世。

　　本書的編纂採用了沿用多年的治史手法，以明信片證史，結果提供了一個少有由佔領者角度回顧日佔香港歷史的做法。明信片作為旅者所買的紀念品，在取材上不享有紀實攝影無所不包的特權，日佔政府亦為當時香港明信片的取景作出嚴格的審查，結果呈現出本書內容所展示的美好風景，與讀者印象中的日佔香港大相逕庭。

　　儘管如此，本書展示歷史大關節的景象，不失為日佔香港歷史論述中不可多得的著述。

劉智鵬

2021 年 11 月

明信片是進出空間與時間的媒介

日本著名導演黑澤明（1910–1998）憑著《羅生門》在 1951 年贏得威尼斯電影節金獅獎以及第二十三屆奧斯卡金像獎最佳外語片，及後的《七武士》、《用心棒》以及《戰國英豪》等，皆成為膾炙人口的電影作品。1990 年，他獲頒發奧斯卡終身成就獎，再於 1999 年獲美國有線新聞網絡評選為「二十世紀亞洲最有貢獻人物（藝文類）」。

在東京出生的黑澤明，走過明治、大正、昭和以及平成四位日本天皇的時代（1868–2019），見證了近現代日本重大的歷史事件，包括 1923 年的關東大地震。9 月 1 日東京時間十一時五十八分，日本關東地區發生了一場七點九級強烈地震，東京、千葉、靜岡、山梨以及神奈川幾乎成為廢墟，超過十萬人失去生命，受災民眾超過兩百萬人。

關東大地震發生的時候，黑澤明只是個十三歲的小孩。他在晚年的自傳《蝦蟇の油——自伝のようなもの》中，以「恐怖的遠足」形容這段童年時代驚心動魄的經歷。他這樣說道：

> 當我發現那趟遠足是多麼可怕、想打退堂鼓時，已經太遲。那一整天，哥哥拖著畏縮不前的我巡繞廣大的火場廢墟，讓膽顫心驚的我看見了無數屍體。[1]

我們通過黑澤明的文字描述，可以在腦海中想像出地震發生後的情境。如果映入我們眼簾的並非抽象的文字，而是一幅甚至多幅的照片，對我們瞭解這場地震所造成的破壞，必定有一種身在現場的直觀感覺。

攝影術的誕生

照片絕對是文字以及圖畫外記錄人類活動最重要的媒介之一。古代中國的《墨經》中有關針孔成像的描述，跟今天的照相光學理論完全吻合，但攝影術及世界上第一幅照片，

1　黑澤明著，陳寶蓮譯：《蝦蟆的油：黑澤明尋找黑澤明》（台北：麥田出版，2014 年），頁 119。

1923 年關東大地震發生後，東京神田橋受到嚴重破壞。

1923 年關東大地震發生後，大批東京災民擁擠在上野車站。

卻率先在西方面世。世界上第一幅照片是在法國誕生的。1826 年，法國人尼普斯（Joseph Nicéphore Nièpce, 1765–1833）在格拉斯（Le Gras）拍攝了一幅名為《窗外》的照片。但是，這種照片需要很長的曝光時間，而且過了一段時間後，影像會漸趨模糊以至褪色。

法國人達蓋爾（Louis-Jacques-Mandé Daguerre, 1787–1851）在這個基礎上嘗試改良攝影術，他以銀鹽取代瀝青作為沖曬材料，以水銀蒸薰作為沖曬方法，成功發明了銀版攝影術，並運用這種技術拍攝了《工作室一角》。這種技術的好處在於減省了曝光時間，提升了影像質量以及增加照片保存時間。

1839 年，達蓋爾在巴黎召開的法國科學院會議上，公佈了這種全新的攝影術，並獲頒發法國科學院名譽院士的榮譽。在達蓋爾的啟發下，科學家繼續努力探索攝影術的創新之道。今天，達蓋爾仍然被視為攝影術的始創者。

2019 年是攝影術誕生一百八十周年，國際影藝聯盟、法國科梅伊市政府以及達蓋爾紀念館聯合舉辦了一連串紀念活動，包括在全球評選出一百八十名自攝影術發明以來對人類攝影發展具有突出貢獻的人物，並頒發「攝影術誕生一百八十年一百八十人」榮譽稱號。

這種全新的攝影術，很快便通過商人、官員以及傳教士傳入東亞兩個很重要的國家——中國和日本。

攝影術在中國與日本

1844 年，法國海關官員埃及爾（Jules Itier, 1802–1877）抵達澳門。他在澳門、廣州等地拍攝了數十張照片，被認為是第一位到中國從事攝影活動的外國攝影師。隨後，美國人布朗（Eliphalet M. Brown Jr., 1816–1886）、意大利人比托（Felice A. Beato, 1832–1909）以及法國人南格祿（Claude Gotteland, 1803–1856）等，相繼在中國各地進行拍攝活動，留下了不少非常珍貴的照片。

據清朝官員記述，當比托在拍攝中英兩國代表簽訂《北京條約》的時候，吸引了一萬多名北京民眾圍觀。[2] 後來，攝影術漸漸引起中國人的關注，王韜（1828–1897）就曾經介紹過這種西洋新玩意。他說：

2　香港歷史博物館編：《影藏歲月：香港舊照片》（香港：香港特別行政區政府康樂及文化事務署，2013 年），頁 15。

西人照相之法，蓋即光學之一端，而參以化學。其法先為穴櫃，借日之光，攝影入鏡中。所用之藥大抵不外乎硝磺、鏹水而已。一照即可留影於玻璃，久不脫落。精於術者，不獨眉目分晳，即纖悉之處無不畢現。更能仿照書畫，字跡逼真，宛成縮本。近時，能於玻璃移於紙上，印千百幅，悉從此取給。新法又能以玻璃作印版，用墨出，無殊印書。其便捷之法，殆無以復加。[3]

中國第一間照相館是由美國人韋斯特（George R. West, 1825–1859）於 1845 年在香港創辦的，當時照相的價格是「單人小照價格三美元，合影照片每人另交兩美元」。1870 年代，香港已有不少由中國人開設的照相館，除了賴阿芳照相館、梁時泰照相館，還有繽綸照相館、宜昌照相館等。

1853 年，美國海軍准將貝里（Matthew Calbraith Perry, 1794–1858）率領艦隊抵達日本，要求日本開國通商，德川幕府（1603–1868）表示他們需要上呈天皇，沒法馬上答覆。第二年，貝里再次率領艦隊抵達日本，當時跟隨貝里抵達日本的美國攝影師布朗，拍攝了日本最早的照片。

一位長崎商人在 1848 年引入了第一部照相機後，日本人嘗試拍攝照片，但效果並不理想。1857 年，日本人才成功拍攝出具水平的攝影作品。第二年，日本出現了第一幅火棉膠濕版的攝影作品。1870 年代中後期，日本不少大城市已經出現專業的攝影工作室，在東京地區就有一百多家。

明信片的大行其道

攝影術的出現，對人類文明產生了巨大的衝擊，從此書籍、雜誌以及報紙不僅有文字以及憑想像繪畫出來的圖畫，更可以刊載真實的圖像，促進了不同民族、不同國家以至不同文化之間的相互認識和瞭解。更重要的是，攝影術衍生出一種全新的媒介——明信片。世界上第一張明信片誕生於奧地利。

1869 年，奧地利郵政局正式發行全球第一張明信片，此商品及後在歐洲逐漸盛行起來，成為遊客、船員以及商人等購買的紀念品，收件人可以通過明信片瞭解發件地的風土人情以至歷史文化。據香港政府年報記述，1899 年經郵政局處理的明信片有十五萬四千多張，1901

3　見王韜：《瀛壖雜誌》。

年更多達二十七萬八千多張。[4] 這個數字一方面說明了當時香港已經成為中外人士經常造訪的城市，另一方面反映出當時明信片在各地的受歡迎程度。

明信片最初只印上文字或者圖案，例如國家徽號等，直至 1889 年在巴黎舉行的萬國博覽會，才出現世界上第一批照片明信片。1896 年，中國發行第一套明信片，左上角印有「大清郵政」字樣，以及蟠龍、萬年青圖案。1898 年，香港發行了第一批以石版單色印刷的明信片。[5]

當時明信片比報紙、雜誌所發揮的影響力更大，因為其需要的印製技術較低，可以大量印刷，加上體積細小，一般為一百二十九毫米乘以九十一毫米，郵寄十分方便。

對許多人來說，明信片只是一種旅遊的回憶，或者是一種「到此一遊」的憑據。在當今社交媒體高度發達以及普遍的趨勢下，各類社交媒體已經可以取代明信片的功能，而且效率更高、質量更佳。然而，明信片絕對是一種具有多功能性質的媒介。

從藝術角度出發，它是一種反映民生風俗以及文化積累的藝術作品，尤其是一些由畫師繪畫的風景明信片；從歷史角度出發，它是一種寶貴的歷史資料，其文字和圖像往往為歷史研究者提供解決問題的線索甚至答案；從收藏角度出發，它是一種頗受大眾歡迎的收藏品，首先是體積細小所需要的空間不大，其次是除少數極珍貴的明信片外，購買舊明信片所花費的金錢不算太多，一般人都可以負擔得來。

一個擅長運用明信片的國家

如果問哪個國家的明信片最令人留下深刻印象，答案一定是日本。

明信片在日語中稱為「繪葉書」。1904 年，《報知新聞》刊載了女演員川上貞奴（1871–1946）的肖像照片，這是首張刊載在報紙的新聞照片。同年，日俄戰爭是日本明信片發展的轉折時刻，為了動員全國民眾投入這場戰爭，日本政府大量發行以日俄戰爭為主題的明信片，並先後數次發行套裝的紀念明信片，以慶祝日本戰勝俄國。

回顧日本歷史，1895 年日本通過《馬關條約》侵佔台灣以及澎湖列島，1879 年吞併琉球，1910 年通過《日韓合併條約》吞併朝鮮，1914 年通過參與第一次世界大戰取得中國遼東半島南部及南洋群島，1931 年通過九一八事變佔領中國東北三省，一連串事件令日本明信

4　唐卓敏、佟寶銘、張順光、巫羽階編：《香港歷史明信片精選》（香港：三聯書店〔香港〕有限公司，1993 年），〈序言〉，頁 9。

5　唐卓敏、佟寶銘、張順光、巫羽階編：《香港歷史明信片精選》，〈序言〉，頁 10。

青島小港

長瀨義郎氏筆

日本隨軍畫家長瀨義郎筆下的山東青島小港。

1930年代日本發行的一張、經廣東憲兵隊審查通過的「軍事郵便」明信片，內容展示了日本佔領前的廣州「惠愛路」，該道路現名「中山路」。

片的題材、內容和地域性擴大了許多，包含有各種不同的文化、風俗以及地理資訊、文化建築等，成為不少日本民眾吸收域外知識的渠道。除了官方發行的明信片，民間企業以及機構亦紛紛發行自己的明信片，向民眾推廣自己的商品以及服務，甚至為政府宣傳國家政策。然而，明信片卻逐漸成為日本政府宣傳乃至美化其侵略戰爭的工具，甚至派一些隨軍畫家隨軍隊前往戰場，用畫筆將他們「想要」的戰況場面或其他景象筆錄下來。

日本有一種名為「軍事郵便」的明信片，主要供在國外的軍人使用，作為他們跟國內親友聯繫的媒介。這類明信片必須經過軍方檢查通過後才可以郵寄回日本，所以我們會在不少這些曾經使用的明信片上看到「檢閱濟」或者「檢查濟」三個字，意思是這張明信片已經軍方檢閱完畢。嚴格來說，檢查內容包括兩部分：第一部分是明信片正面的文字以及影像，第二部分是寄件人書寫在明信片背面的文字。

這類明信片的內容都是非常正面的，不是呈現佔領區秀麗的湖光山色、民眾的富足生活，就是展示日本軍人跟民眾的友好關係，無非就是美化其侵略行徑。

明信片中的日佔香港影像

1941 年，日本發動太平洋戰爭，偷襲美國在夏威夷的珍珠港海軍基地，繼而進攻歐美列強在東南亞的殖民地。12 月 8 日，日軍派飛機轟炸香港九龍的啟德機場，隨即越過深圳河進入新界。經過十八日的戰鬥，英軍最終寡不敵眾，港督楊慕琦（Sir Mark Aitchison Young, 1886–1974）在 12 月 25 日向日軍投降，香港成為日本的佔領地。

日軍佔領香港後，一方面要展示日軍成功擊敗優越的英國人，另一方面要呈現出淪陷後的香港，仍然是百業興盛暢旺，民眾安居樂業。更重要的是，要讓香港人認同日本的統治以至文化，進而有成為「大東亞共榮圈」一分子的榮譽感。於是，日佔政府在社會、文化以及教育等層面展開工作，除了推行日語教育、更改街道名稱等，明信片亦成為他們政治宣傳的工具。日本發行香港的明信片並且用作政治宣傳，並非新鮮事，早在 1930 年代，日本已經對入侵香港作出謀劃，一直持續發行香港的明信片，部分明信片更由軍方發行。

1942 年，香港佔領地總督部發行了一套兩張的「大東亞戰爭一周年紀念繪葉書」，售價是二十錢。這兩張明信片：第一張是跑馬地馬場比賽盛況（日佔時已經改名為「青葉峽競馬場」），第二張是英國海軍主力艦添馬艦的沉沒。1943 年，日本遞信省發行了一套三張的「大東亞戰爭紀念報國葉書（第一輯）」，售價是三十錢，其中十錢撥入國防獻金，即支援日本軍

明信片上寫有「昭和十四年七月三日 廣東憲兵隊檢閱濟」，就是指封面照片已經由日本軍方檢查通過。

一般給予軍人使用的明信片背後，皆印有「軍事郵便」的字樣。

費的捐款，所以其名稱有「報國」兩字。這三張明信片都是由隨軍畫家繪畫的：第一張是吉岡堅二（1906–1990）繪畫的日軍偷襲珍珠港，第二張是宮本三郎（1905–1974）繪畫的新加坡英軍投降，第三張是小磯良平（1903–1988）繪畫的香港黃泥涌高射炮陣地爭奪戰。（相關明信片的展示見第四章）

除了官方發行的明信片，民間亦配合官方的政治宣傳，發行了不少套裝明信片。由日本人在 1938 年創辦，位於廣州的堀內書店，於香港淪陷後開設香港分店，地址是中環畢打街十二號。[6] 堀內書店先後發行了兩套分別名為「香港」和「香港風景」的明信片。這兩套明信片同樣有八張名信片，售價同樣是二十五錢。此外，共益社發行了一套八張名為「香港見所」的名信片，這套明信片的創新之處，是採用彩色印刷。這幾套明信片比官方發行的明信片較為軟性，主要是社會民生、工商活動等題材。

如何閱讀本書

《明信片中的日佔香港影像》所介紹的明信片來自兩位本地資深收藏家張順光先生、陳照明先生，目的是讓讀者通過這種普通不過的媒介認識和瞭解香港那段三年零八個月的日佔歲月。更重要的是，令讀者思考明信片對我們認識過去、瞭解過去以至研究過去所存在的價值。

全書分為五章：第一章是展示戰前香港的影像，第二章是日佔香港明信片所呈現的社會民生，第三章是日佔香港明信片所呈現的名勝地標，第四章是展示日本隨軍畫家筆下的香港，第五章是展示戰後香港的影像。

有人認為「明信片的世界，是由購入者想看到的，發行者想讓人看到的，檢閱者不想讓人看到的這三種要素組成的」。[7] 那麼我們就通過本書，進入日佔香港的明信片世界裏，看一看我們看到甚麼，又看不到甚麼吧！

三聯書店（香港）有限公司

出版部

2021 年 12 月

---

6 趙雨樂、鍾寶賢、李澤恩編註，王琪、張利軍譯：《軍政下的香港：新生的大東亞核心》（香港：三聯書店〔香港〕有限公司，2020 年），〈附錄三：國人主要商社、工廠一覽〉，頁 210。

7 二松啟紀著，郭清華譯：《繪葉書中的大日本帝國》（台北：麥田出版，2020 年），頁 466。

01

陰霾籠罩下的百年之城

1937 年 7 月 7 日，盧溝橋事變爆發，拉開了抗日戰爭的序幕。日軍佔領北平、天津後，並沒有停止攻勢，企圖重演九一八事變，一舉佔有華北。8 月 11 日，日本要求中國撤走駐防上海的軍隊，並拆除所有防禦工事，上海市政府嚴辭拒絕。日軍戰艦遂開進黃浦江、長江各個口岸，海軍第一特別陸戰隊以及其他部隊陸續增援上海。8 月 13 日，淞滬會戰爆發，戰事持續了三個多月，上海終告失守。

首都南京失守後，日軍向武漢推進並進攻廣州，以切斷中國取得武器和物資的管道。日軍七萬多人在大亞灣登陸，攻佔沙河，並佔領廣州市區，繼而攻陷三水、佛山，到達廣州南郊。至此，日軍控制了廣州及附近要地。1938 年 10 月，香港鄰近的廣東省地區，基本上已經落入日軍手中。

自抗日戰爭爆發以來，大量難民湧入香港，對香港的糧食供應造成了沉重的壓力。為了應付大批難民，香港政府頒佈了一連串穩定糧食供應及價格的措施，包括《必需品儲備條例》等，並成立了糧食統制處。據統計，當時香港的白米存量達到八十多萬包、一億五千萬斤，足夠香港市民食用半年。

雖然英國政府對香港採取「不棄不援」的戰略，但香港政府仍積極備戰，至少阻延日軍佔領香港的時間，增加日軍進攻香港的人員傷亡。1938 年 5 月，由居港英籍居民組成的香港義勇軍成立；1940 年 11 月，由華人組成的香港華人軍團成立；11 月 16 日，兩營加拿大援軍抵達香港，總兵力約一萬三千多人；並構築醉酒灣防線。可是，香港守軍要面對的卻是接近四萬名日軍。

1941 年 12 月 8 日，著名學者陳君葆（1898–1982）在日記中寫道：「晨約八時突聞警號發出，初猶以為是練習，繼乃聞轟炸聲，跟著高射炮聲四起，隱隱自鯉魚門一帶發出。」他聽到的轟炸聲是日軍戰機空襲啟德機場所發出的，高射炮聲則是英軍還擊所發出的。

日軍空襲啟德機場後，越過深圳河進攻新界。12 月 9 日，日軍已推進到大埔及沙田一帶。12 月 10 日，日軍突破醉酒灣防線，至此九龍已是無險可守，英軍決定從九龍撤退到港島。12 月 12 日，新界及九龍失守。12 月 13 日，日軍勸降失敗後，隨即炮轟港島。12 月 17 日，日軍勸降再次失敗，遂渡海發動攻擊，在港島東北岸成功登陸，兩軍在黃泥涌峽、淺水灣、赤柱一帶爆發激戰，英軍傷亡慘重。12 月 25 日，香港總督楊慕琦（Sir Mark Aitchison Young, 1886–1974）向日軍投降。

12 月 25 日，陳君葆在日記中寫道：「心悶不過，思兒鬱鬱不樂。」這是因為香港即將進入三年零八個月的艱苦歲月。

（香港）　海上ヨリ市街ヲ望ム

戰前香港島北岸的全景明信片。前景可見維多利亞港
的景色，以及中環海旁的建築，遠景可見座落於半山
區的住宅和太平山山頂。

HONG KONG HARBER BY NIGHT.

戰前香港島北岸的夜景。圖中央的海岸線呈水平，中環一帶至半山區的建築燈光璀璨，太平山山頂處的燈火則相對疏落。然而日軍佔領香港後，如此璀璨的燈光曾一度消失。

1939 年香港島中環的海岸景色。近海第一排最左方的建築是第三代香港郵政總局及鐵行，中間依次是一些民居及酒店，至最右方可見當時的消防總局。遠景的太平山山頂處，可以清晰望到一些山頂的建築，以及依山而建的盧吉道。

廣東憲兵隊檢閱濟
昭和十四年七月三日(4)

香港九龍の遠望

1939 年從香港島遠望九龍西以及尖沙咀的景色。前景有兩艘屬水上人家的漁船，而近九龍半島的岸邊則可見數艘渡海小輪。遠方可見尖沙咀的鐘樓，以及紅色建築處的九龍倉貨櫃碼頭。1874 年香港遭遇風災，香港政府利用九龍倉以及嘉道理家族等財團的資金興建海堤，九龍海旁才得以發展。

戰前香港內港的一艘帆船。帆船一直以來都是基層華人主要的渡海及運貨工具。日佔時期燃料短缺，海上交通及運輸工具供不應求，帆船作為市民渡海的交通工具更為普遍。

（香港）埠　頭　街

戰前中環海濱一帶的全景明信片。左邊近海處的低矮建築為卜公碼頭，該碼頭前身是畢打碼頭，因應十九世紀末中環海旁填海計劃而遷移至此。中右方的主街道為干諾道中，香港會、皇后行等建築臨海排列。明信片中亦可見當時流行的交通工具，包括電氣船（嘩啦嘩啦）、巴士、人力車等，反映出當時人們的生活情景。

WANCHAI FROM KENNEDY ROAD, HONG KONG.

戰前由堅尼地道遠望灣仔及其海岸線的景色。灣仔在開埠初期屬濱海高尚住宅區，但在 1860 年代起成為華人發展地區，沿海地段多為倉庫，亦有業主興建私人碼頭以利貨運。圖靠右處的海旁可見銅鑼灣避風塘。

（香港）市街ノ一部

戰前中環德輔道中的全景明信片，最左邊建築為亞歷山大行
（現歷山大廈），後方圓頂建築是廣東銀行。廣東銀行成立於
1912年，是香港首間華資銀行，而且總行設於中環，而非華
人銀號聚集地上環。1930年代，該行曾發生兩次擠提事件，
1935年曾一度停業。1942年因戰爭停業，戰後再度復業。

香 港 市 街
昭和十四年五月十五日廣東憲兵隊許可濟

1939 年的中環德輔道中，電車沿道而行。右邊的白色建築是英皇大酒店。英皇大酒店是當時香港著名的酒店，早年曾招待過不少名人，如孫中山（1866–1925）便曾於 1912 及 1923 年下榻。1937 年，京崑表演藝術家梅蘭芳（1894–1961）亦曾下榻此酒店。

1939 年的中環德輔道中，電車路線沿道而行。右方的招牌寫上「安樂園」三字，該處為香港安樂園雪糕公司的正舖。安樂園是舊時香港有名的雪糕店，1913 年成立，原來是一間西餐廳，後來增設了冰室部售賣麵包、雪條等產品。日佔時期，安樂園曾停業過一段時間，戰後才重新營業。1970年代，安樂園結束經營，位於德輔道中的正舖成為現時的安樂園大廈。

明信片中央的白色建築，是位於中環德輔道中及畢打街交界的告羅士打酒店，建成於 1932 年，其前身是香港大酒店北翼。香港大酒店曾於 1926 年發生大火，北翼被完全燒毀。置地公司其後購入這幅地，連同旁邊地段建成告羅士打酒店，成為當時中環的新地標。日佔時期，告羅士打酒店改名為「松原酒店」，現在該處成為了置地廣場的一部分。

QUEEN'S ROAD, HONG KONG.

戰前中環皇后大道中的景色。前方的橫街為雪廠街，大道中左右兩旁均是當時有名的銀行及洋行大樓。現在皇后大道中和雪廠街交界，依然保持從前的面貌，銀行及商業大廈林立。

戰前位於中環遮打道的和平紀念碑及香港會（右）。和平紀念碑在 1923 年揭幕，以紀念第一次世界大戰的結束，所在廣場在日佔時期改名為「日本俱樂部廣場」。1945 年香港重光後，紀念碑也紀念在第二次世界大戰及香港保衛戰的所有死難者。右方的香港會，又稱香港會所，於 1897 年啟用，最初是為在港英人提供娛樂及社交聯誼的地方，日佔時期改名為「日本俱樂部」。

廣東憲兵隊檢閱濟
昭和十四年七月三日（4）

香港ビークより俯瞰したる香港の港

1939 年從山頂盧吉道俯瞰維多利亞港的景色，右下角亦可看見西營盤一帶的建築。盧吉道依蜿蜒山勢建成，於 1922 年全部竣工，並以香港第十四任總督盧吉爵士（Sir Frederick John Dealtry Lugard, 1858–1945）命名。戰前及日佔時期，華人均不得在山頂建屋居住，唯一例外的是 1906 年何東爵士（1862–1956）獲准在半山居住。

戰前山頂纜車於紅棉路一段的全景明信片。最左方的建築物為聖若瑟書院北座，樓高四層，明信片中可見書院北座其中一個標誌性的塔樓。日佔時期，書院被日軍佔用，因而被逼停辦。書院後方較低矮的建築是香港佑寧堂。

（香港）ケーブルカー

戰前座落於太平山山頂的山頂酒店。山頂酒店在 1873 年落成，1936 年遭遇火災，一直沒有重建，到 1990 年代才改建為山頂廣場。

（香港）植　物　園

戰前香港動植物公園園內景色的全景明信片。香港動
植物公園一直是中環市區內的休憩場所，亦會展出世
界各地的植物，在 1880 年代開始飼養動物。

（香港）競馬場

戰前跑馬地馬場的全景明信片。右方可見馬場的兩座
西式看台，左下角的棕色建築為馬棚。馬場從前是黃
泥涌峽前的沼澤地，填平後闢作馬場。

RACE COURSE, HONG KONG.

戰前跑馬地馬場的景色。明信片下方除了可見用茅草竹竿搭建的馬棚外，亦有電車及巴士路經此處。

場 馬 鏡 港 香

昭和十四年五月十五日廣東憲兵隊許可濟

1939 年的跑馬地馬場

（香港）埠　頭　街

戰前位於香港島東區太古船塢一帶的全景明信片。太
古船塢是香港昔日一座有名的船塢，日佔時期被日軍
佔領。後來，盟軍展開反攻，不時派戰機轟炸香港，
以致太古船塢在戰爭後期嚴重受創。

（香港）　埠頭ヨリ九龍ヲ望ム

戰前由香港島半山區俯瞰西環至金鐘一帶，遠至九龍
尖沙咀景色的全景明信片。明信片最右下處的地方，
為添馬艦海軍船塢，這裏一直是駐港英軍的海軍基
地，日佔時期被日軍接管。

1939 年的尖沙咀天星碼頭。日佔時期，來往中環及尖沙咀的天星小輪是最早重開的海上交通工具，由香港佔領地總督部經營，當時稱為「香九聯絡船」。

戰後的尖沙咀天星碼頭，約攝於 1950 年代。

香　港　九　龍
昭和十四年五月十五日廣東憲兵隊許可濟

1939 年的梳士巴利道，舊譯作疏利士巴利道，是尖沙咀近海旁的街道。右方較低矮的建築物為九龍青年會，旁邊是半島酒店。日佔時期，九龍青年會被改為「九龍下士官俱樂部」，半島酒店則改名為「東亞大酒店」。

02

惶恐不安下的日常生活

1941 年 12 月 25 日，著名報人薩空了（1907–1988）在日記中寫道：「這一夜睡得不熟，顯然為了思想紛亂。」他沒有想到一場戰爭，令香港出現了翻天覆地的劇變，香港人要經歷一段黑暗歲月。

日佔初期，香港社會彌漫著一種愁雲慘霧的氛圍。在《華僑日報》連載的章回小說《雜碎館》第二回〈新環境的試驗〉中，作者蘇非透過主人公羅伯剛的見聞，寫道：「戰事初平的香港，一切都是現出畸形的，馬路變成了商場，商場卻每家都關門閉戶。人擠得叫你不相信，而多數卻還是惶惶然，朋友見面便親熱地說聲『安全』，已忘記了『去飲茶』那句口頭話。」

香港在淪陷後的糧食和燃料供應非常緊張。據關禮雄在《日佔時期的香港》中統計，從 1942 至 1945 年，香港華人代表會跟香港佔領地總督部召開的四十五次會議中，討論糧食問題就有十四次，可見糧食問題是市民非常關心的問題。為了解決這個問題，1942 年 1 月軍政廳成立「歸鄉指導委員會」，推行歸鄉政策，鼓勵市民返回內地原籍，目標是將一百六十多萬人口減少到六十萬人左右，以減低糧食供應的壓力。

隨著日軍在太平洋戰場節節敗退，糧食配給越來越困難。自 1943 年 2 月以後，市民每人每月只獲配給糙米十二斤、麵粉六兩，而且價格越來越高。

儘管市民生活艱難、三餐不繼，日佔政府仍然試圖營造出一種歌舞昇平的假象，市民仍然可以享受電影、粵劇、歌壇、賽馬及博彩等娛樂。賽馬日共有十一場比賽，馬場設有會員席和公眾席，每注二元五錢。日佔政府又發行名為「香港厚生彩票」的博彩獎票，每張售價軍票一元。為了阻嚇香港市民反抗其統治，他們實行嚴刑峻法，隨意打罵、囚禁甚至殺害香港市民，普通如沒有向日軍鞠躬行禮，亦會遭受掌摑。

1942 年 1 月 17 日，薩空了在日記中寫道：「花園道旁，原有的英軍宿舍，現在住滿了敵人的陸軍，那鐵欄杆外圍滿了老幼男女的乞丐，因為米太困難，這些可憐的人，希望分潤一些戰勝者的後餘。」由此可見，香港市民在淪陷期間過著惶惶不可終日的生活。

（香港憲兵隊檢閱濟）　　　　　　　　東　昭　和　通

日佔時期的中環德輔道中，最左方的建築物是東亞銀行，右方則是英皇大酒店。明信片右下方標示「東昭和通」，是日佔政府將德輔道中改名而成，反映出其同化香港市民的企圖。

日佔時期的中環德輔道中。圖右方的建築物是亞歷山大行（現歷山大廈），建築下有數
名日本憲兵持槍經過。

濟閲檢　通 和 昭・街 社 商 廳 官

日佔時期的中環德輔道中。圖左方的建築為 1908 年落成的怡和大廈，前身為舊渣甸洋行總部，1970 年代改建為現時的
會德豐大廈。右方的建築則為前稱「書信館」的第三代香港郵政總局，自 1911 開始屹立於中環，1976 年因興建港鐵中
環站而搬遷，現址是環球大廈。日佔時期，香港的郵遞服務一度停頓，1942 年初才重新恢復，當時市民須以日本本土通
用郵票充當香港郵票使用。

左頁的明信片背面貼上當時日本通用的七錢郵票，郵票上「東鄉平八郎海軍大將」的肖像被「大東亞戰爭一周年紀念」的郵戳遮蓋。郵戳上的「17.12.8」是指昭和十七年（1942）十二月八日，即太平洋戰爭爆發一周年的日子。

日佔時期的中環德輔道中。圖左方的尖塔頂摩天大廈是 1935 年落成的東亞銀行總行新廈。東亞銀行的創辦人李冠春（1887–1966）、李子方（1891–1953）是淪陷期間兩華會成員，所以東亞銀行曾協助日佔政府發行軍票、發售彩票。

香港市街の一部

皇軍の香港攻落に際しては市街の破損も其の一少部分に過ぎなかつた。中
國避難民も續々復歸し、軍政下に着々大東亞共榮圈確立に協力、邁進しつゝ
あるのも賴しい。

明信片中清晰可見日佔時期中環德輔道中的電車行駛。電車後方的棕色建築，為前稱「書信館」的第三代香港郵政總局。右方的白色建築則為亞歷山大行。明信片的圖題說：「皇軍攻下香港時不過破壞了其市區的一部分。避難華民亦陸續復歸，在軍政下著實地協助建立大東亞共榮圈，可見其逐步向前。」然而，當時的實況是糧食嚴重短缺，為了緩減人口壓力，日佔政府在 1942 年開始執行歸鄉政策，強逼大量香港居民歸鄉。這充分反映出日本利用明信片作政治宣傳的情況。

日佔時期的中環德輔道
中。電車後方的建築為第
三代香港郵政總局及安樂
園等大廈。明信片中可見
當時的德輔道中人流極
多，不少市民拎著行李路
過，乘搭電車，亦有小販
揹上擔挑沿街叫賣。

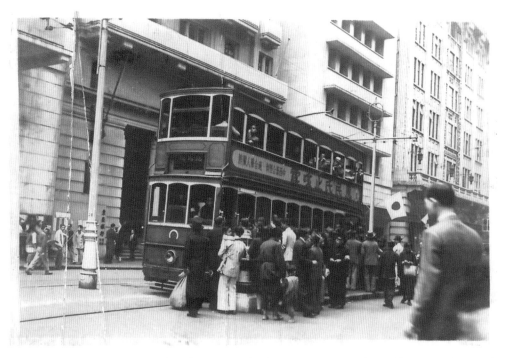

日佔時期的中環德輔道中，電車後方的建築為東亞銀行。圖中展示了市民擠擁地登上一輛開往跑馬地電車的情況，電車站（當時被改名為停留場）旁掛上了日本的「日之丸」國旗。電車於 1942 年初恢復行駛，是日佔時期港島最早恢復服務的交通工具，故乘客極多。然而因燃料短缺，電車在 1944 年 6 月再度停止行駛。

日佔時期的中環德輔道中。最右方建築為英皇大酒店。最左方的建築則為國民商業儲蓄銀行，1921年開業時租賃德輔道中為行址，1933年受到擠提風潮影響一度停業，1936年復業，但業務已大不如前。日佔時期亦曾一度停業。

1945年8月13日由國民商業儲蓄銀行簽發的「保管箱租費收據」，一年租金是軍票一百六十円。在收據發出後兩日，日本宣佈無條件投降。

濟閱檢　　通治明中街店商

日佔時期的中環皇后大道中，當時被日佔政府改名為「中明治通」。明信片中可見當時開設在皇后大道中的商店，例如右後方是 1932 年開業的中華百貨，即上海新新百貨公司設於香港的分店，其現址為卡佛大廈。

（香港憲兵隊檢閱清）　　　中　明　治　通

日佔時期的中環皇后大道中，右方可見數支日本「日之丸」國旗。

日佔時期的中環德輔道中
及租庇利街交界，右方建
築為當時有名的茶樓「第
一樓」。日佔時期糧食供
應短缺，可以負擔到茶樓
消費的大多是日本人或富
有華人。

日佔時期的中環街頭景色。圖中可見兩名日本軍官站於馬路前等待過路，後方的數位女學生因此不敢前行，腳步停下。最左方的建築為第三代滙豐總行大廈，日佔時期為香港佔領地總督部廳舍。最右方的建築是香港當時的高等法院，戰時被日軍徵用為憲兵總部，該建築後來數度改建，是港人熟悉的前立法會大樓及現終審法院大樓。

（香港憲兵隊檢閱濟）　西大正通

位於香港島西半山的般咸道，在日佔時期被改名為「西大正通」。

（香港憲兵隊檢閱濟）　　登 山 電 車

日佔時期的山頂纜車運作
情況，明信片遠景可見中
環海旁乃至九龍的景色。
山頂纜車大部分路段只鋪
設單軌，但為容納上山及
下山兩輛纜車同時行駛，
沿途的部分路段設有雙軌
作避車之用。

左圖為山頂纜車的一個中途站，右圖則為纜車路軌的一段。日佔早期，纜車班次尚算頻密，但到了 1943 年，因電力短缺，纜車只限公務員或居住在山上區域但須每日下山工作的人乘搭，可見乘搭者具有的身分象徵。

從位處半山的山頂纜車上
遠望中環及維多利亞港。

金鐘附近的電車路旁，一
名手臂戴上日本國旗臂章
的憲查，在旁維持秩序。
憲查即日佔時期的警察，
多由華人及印度籍人組
成，是香港憲兵隊本部其
下負責維持地方秩序及情
報工作的部隊。

日佔時期的銅鑼灣，樓宇仍然疏落，照片可見有市民用木輪手拉車運送貨物。右方的三層高建築是法國傳道會學校，即今聖保祿學校。電車右邊的小亭是電車候車亭。

香 港 競 馬 場（青 葉 峽） 檢閲濟

日佔時間跑馬地馬場賽馬賽事的情景。日佔政府為粉飾太平，將賽馬活動保留下來。當時的跑馬地改名為「青葉峽」，跑馬地馬場被改稱「香港競馬場」，香港賽馬會改稱「香港競馬會」。

賽馬活動是日佔時期市民少有的娛樂活動。照片中可見有不少市民在賽馬日到馬場觀看賽事及進行投注。日佔早期每月舉辦兩次賽馬賽事，不過到了 1943 年中，因馬匹受傷死亡情況日增，賽事減少，場面開始變得冷清。因此，「香港競馬會」在 1944 年推出「跑木馬」比賽，以吸引市民入場。

香港開埠初期，不少印度籍水手、士兵聚集摩羅街擺賣貨品。自 1920 年代起，該處成為舊貨買賣市場，商舖亦多由經營雜貨的華人進駐，以售賣古董、玩具等為主。照片中可見兩名日軍正在摩羅街一處攤檔挑選貨物，反映出日佔時期，摩羅街的攤檔仍有營業，亦成為日軍購買新奇玩意的地方。

中華人街の雜沓　　（香港）

四角四面の形式嫌ひな中華人は押しあいへし合ふ無秩序の世界に雜然とし
て生活することを喜ぶ。彼等の自然主義は政治や法律や統制を好まぬ。現代
文明を飾る香港の裏町に皮肉にも油と韮の香を誇る中國の社會は國民性を決
して忘る丶ことなしにお玩具箱を ヒツクリ返した やうに根强く 生活して居
る。

日佔時期的鴨巴甸街，是
當時華人商店聚集的地
方。明信片的圖題說：
「討厭四四正正形式的華
人，喜歡生活在錯雜無秩
序的世界。他們的自然主
義不喜歡政治、法制、管
制。在由現代文明所裝
飾的香港的另一面，則
諷刺地有著洋溢爆炒韭
香（按：日人對華人嗜食
蔥韮、而烹調喜油炒之事
印象深刻，可參青木正兒
所著的一系列遊記）的中
國社會，華人在其中是不
會忘記其國民性地頑強生
活。這事就像翻過玩具箱
的背後（發現新事物）。」

華人街市一角，街邊攤檔在當時十分普遍。日佔初期，香港的商業活動停頓，大部分商店關門停業，只有街頭小
販活躍城中，直至 1942 年中，各業公司和商店才逐漸復業。

日佔時期的一間華人商店，是出售香煙的指定商店之一。日佔政府對商業進行嚴厲控制，大力推行公賣措施來掌控貨品零售及批發。

日佔時期，學校受戰火破壞，不少適學兒童失學。基層小孩亦在生計所逼下，成為童工或協助家人擺賣攤檔。照片中為當時兒童擺賣攤檔的情景。

從天星小輪遠望九龍尖沙咀，清晰可見當時九廣鐵路的尖沙咀九龍總站及其鐘樓。淪陷後，九廣鐵路於 1942 年 2 月才恢復行駛，但只限原來至深圳的路段。1944 年初開始，因修路關係，乘客須步行至沙田才能乘搭火車。

日佔時期九龍山東街附近的旺角碼頭。當時旺角碼頭的航線主要以港內、新界及離島線為主，由油蘇地小輪公司
經營。

（香港憲兵隊檢閱濟）　九龍香取通

檢閱濟　九龍・香取通

日佔時期彌敦道被改名為「香取通」，明信片中可見有巴士行駛，亦有市民以自行車代步。淪陷後，港九巴士服務在 1942 年起恢復，但班次疏落且車費高昂，故不少人改為走路、乘自行車或以人力車代步。

戰後的彌敦道，約攝於 1950 年代，仍然可見人力車作為陸上交通工具的情景。

檢閱濟　筲箕灣の戎克‧群

日佔時期停泊在筲箕灣避風塘的一群漁船。為鼓勵漁業發展，解決低下階層勞工的就業，日佔政府在1942年成立「筲箕灣戎克漁業組合」，由組合收集漁民的漁穫代為投賣。其後又在筲箕灣天后廟對開海旁設立漁業組合市場，成為筲箕灣魚類批發市場的前身。

日佔時期香港仔被改名為「元香港」，是「香港的源起」的意思。明信片中可見艇戶漁民聚居於香港仔南避風塘，而對上的山崗為華南總修院，即現時的聖神修院，日佔時曾一度停辦。

香港牧場附近の展望　檢閱濟

日佔時期的薄扶林牧場。淪陷後，日佔政府以「接管」方式，奪取所有有利日本的香港產業。牛奶公司位於薄扶林的牧場被其接管後，改稱「香港牧場」。牛奶則在 1943 年 10 月起實施配給制。

日佔時期的長洲。淪陷前，曾經有大量難民湧入長洲逃避戰火。日佔時期的長洲貨運蓬勃，成為香港和澳門貨運的中轉地，亦有商人自長洲供應食品至坪洲、大嶼山等地。

（香港憲兵隊檢閲濟）　　　　　　　　　　　九龍農村風景

日佔時期的香港農村仍然維持純樸面貌，不少人居於平房石屋之中，明信片中可見數名農民揹起擔挑運送作物。

濟閱檢 （界新）近附朗元

日佔時期的香港農村，約在元朗區域。當時新界鄉郊地區仍未發展，維持傳統的農村生活。

國境深圳附近（新界）　檢閲濟

日佔時期的香港農村，明信片上方標明「國境深圳附近」，約在上水區域。

03

頃刻褪色下的
名勝地標

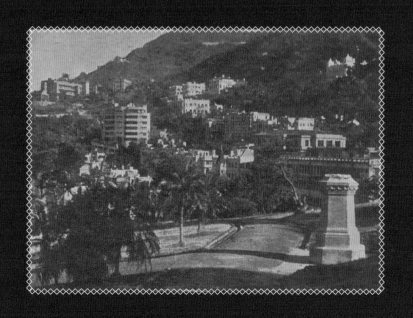

在眾多造訪過香港的西方攝影師之中，約翰・湯姆森（John Thomson, 1837–1921）絕對是最為知名的一位。1868 年，他首次到達香港，經常拍攝香港的各類景觀，有自然的、有人文的，主題涉及人物、名勝及建築等，特別是他在 1869 年愛丁堡公爵亞爾菲臘王子（Duke of Edinburgh, Alfred Ernest Albert, 1866–1900）訪港期間，拍攝了不少關於是次盛會的照片。通過約翰・湯姆森以及其他攝影師如波頓・賀姆斯（Burton Holmes, 1870–1958）的照片，西方人開始對香港這個彈丸之地產生了不少想像，不怕遠涉重洋前來旅遊觀光，參觀不同的名勝地標。

除了西方人士，日本人在稍後亦開始接觸香港，例如明治時代（1868–1912）著名文人岡千仞（1833–1914）在 1885 年造訪香港，留下了「香港全埠山坡，人多坐轎」的印象。日本著名小說《我是貓》的作者夏目漱石（1867–1916），在 1900 年被日本政府文部省指派，前往英國倫敦研究英語教育法，曾經在香港停留數天等待前往英國的輪船。根據其《漱石日記》記述，他在香港期間曾經乘坐天星小輪觀賞維港兩岸景色，以及在太平山頂眺望山下密密麻麻的高樓大廈。日本《白樺》雜誌創辦人武者小路實篤（1885–1976）在 1936 年造訪香港時，曾經跟朋友往電影院觀看差利・卓別靈（Charles Chaplin, 1889–1977）的《摩登時代》。

從香港開埠至第二次世界大戰爆發前，香港逐漸成為東西方旅客的旅遊熱點，並開始產生了不少馳名中外、旅客必訪的名勝地標，例如跑馬地、兵頭花園、太平山頂、淺水灣酒店等。瑪麗・波特因（Mary A. Poynter）在其《在亞洲的海岸附近》（*Around the Shores of Asia: A Diary of Travel from the Golden Horn to the Golden Gate*）中記述，「你可能只在香港停留一天或一星期，但你在島上的首次朝聖，將會步行或坐纜車到達山頂，如果山上沒有霧氣，處處都是有利的欣賞位置，每一方的視野都是令人心曠神怡的」。由此可見，當時太平山頂已成為旅客的「朝聖首選」。

1941 年一場戰役，導致香港出現百年未有的劇變。香港淪陷以後，日佔政府希望香港人生活一切如常，「馬照跑，舞照跳」，酒家、戲院以及娛樂場所繼續營業，甚至要過得比英國殖民時代更好。從日佔政府角度出發，這是香港「新生」的開始，亦是香港人「新生活」的開始。當然，這種「新生」與「新生活」，是在日軍強迫下所產生的。於是，香港過往一些名勝地標，在日佔政府統治下，繼續成為香港吸引「旅客」的賣點，並經常成為其發行的明信片的圖像題材。但不同的是，這些名勝地標已經失去了昔日五彩繽紛、人來人往的盛況，變成了逐漸褪色、寂靜無聲的地方，有的只是佔領者刻意營造出來的「皇民化繁榮」景象。

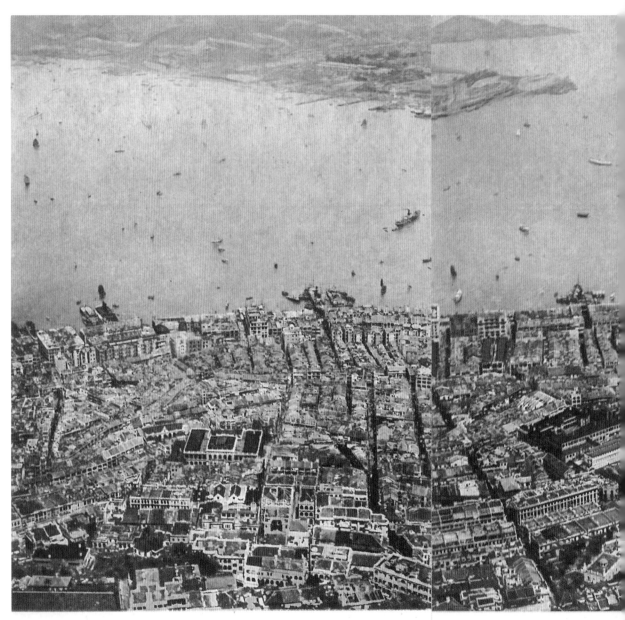

鳥瞰した香港 (一)

英國永年の東亞侵略の據點の一つ、今次大東亞戰爭勃發後逸早くも無敵皇
軍に依り占領された。對岸九龍を合せて人口約百萬餘を算し南支第一の要衝
にして商業、貿易方面からしても最も樞要地位を占めてゐる。

香港全島の廣さ僅か
百方哩の面積を有すると
れ目下軍政が施かれて居

ないが對岸の九龍半島を合すれば四
占領後は我が國直轄の總督府が置か

由兩張照片組成的明信片，在畫師加上色彩後，展示了一幅鳥瞰香港島景色的作品。圖中央可見香港島的海岸線，上方可見九龍尖沙咀的岸邊景色。左邊的圖題說：「鳥瞰香港（一）：香港是英國長年侵略東亞的據點之一，是次大東亞戰爭爆發後迅速由無敵的皇軍佔領。加上對岸的九龍，人口約百萬餘，算得上南支那的第一要衝，在商業和貿易方面都佔有最為樞要的地位。」右邊的圖題說：「鳥瞰香港（二）：香港全島不過三十平方哩，合對岸九龍半島則謂有四百平方哩。皇軍佔領後，則置於我國直轄總督府軍政治下。」

由兩張照片組成的鳥瞰香港島明信片黑白版本。左上角的圖題說：「（廣東省）鳥瞰香港：香港是英殖民地都市，受英國統治人口為八十萬餘。支那以此為根據繼續抗日。英國以其本身立場，對戰敗的支那利用粵漢鐵路運送武器補給，現在支那應該由抗日的惡夢醒來吧！」

香 港 の 建 築

ロマネスク風の建物、それは曾て英國が殖民政策は先づ都市の建築から始めることはその居住するものゝ生活を支配することであるとの立前からその威力を誇示する爲めに築きあげたる遺物に過ぎない。

日佔時期的中環遮打道。明信片的圖題說：「香港的建築：羅馬式建築，現在不過成了當日出於通過城市建設來控制居民生活方式的英國殖民政策，是英國為炫耀自身的力量而建造的遺跡。」

日佔時期位於中環皇后大道中的第三代滙豐總行大廈，樓高十四層，落成於 1936 年，是當時遠東地區規模最大的建築之一。日佔時期，大廈被用作香港佔領地總督部廳舍。大廈前方是皇后像廣場，該柱廊式、圓拱頂高台，原來放置了維多利亞女皇登基五十周年的銅像，但在淪陷後被日佔政府連同滙豐銀行大班昃臣爵士銅像及兩個獅子銅像一起運至橫濱，存放於碼頭倉庫，打算熔作軍火材料。明信片中可見高台被日軍刻有《佔領香港告諭》的石碑所封，昭告各方日本佔領香港的事實。

HK 4　HONG KONG & SHANGHAI BANK BUILDING　香港上海滙豐銀行

戰後第三代滙豐總行大廈，約攝於 1950 年代。明信片中可見，大廈前方皇后像廣場的高台內《佔領香港告諭》石碑已被移走，但放置維多利亞女皇銅像的位置仍然空置，因為該銅像在運回香港後，搬到了銅鑼灣維多利亞公園。

斷崖を縫ふ散步道　　（香港）

香港全島を公園に作り上げようとした英人の目論見の跡が見える。何哩に
渉るアスフアルトの散步路は山上一七〇〇呎の高所の到るところに延長され
て居る。或は熱帶植物の繁る森林に消えるかと思へば、斷岩絕壁の間を迂餘
曲折して盡くるを知らぬ變化を與へて、山を美化し海を美化する。

日佔時期的山頂盧吉道。明信片的圖題說：「連接斷崖的步道（香港）：可見英人在香港全島建設公園計劃的痕跡。延續數哩的瀝青路延伸到山上一千七百英尺高處。其中一些看來消失在熱帶植物的森林時，又見於斷岩絕壁之間，極盡紆迴曲折、變化莫測，山海因而美化。」

ケーブルカー （香港）
香港のケーブルカーも隨分古いものだが確かに名物たるを失はない。舊ビクトリア山の頂上に近く急斜面二哩の距離を上下して居る。車窓から展望する眼下の景色の變化は實に爽快を極めて居る。紺碧の海、清楚な山上の住宅柔かい綠の芝生、重なり合ふ 山簏の 市街など熱帶植物の 樹間から隱見される。夏季山上と山下に於て溫度十五六度の差があると謂はれる。

淪陷後，山頂纜車曾停駛一段時間，要待 1942 年 6 月 25 日才再次復駛，當日由香港佔領地總督磯谷廉介（1886–1967）主持典禮及試乘。明信片的圖題說：「纜車（香港）：香港的纜車雖然歷史悠久，但不枉其有名的地位。纜車車程在前維多利亞山（按：即太平山，日佔時稱香ヶ峯）接近山頂的陡峭山坡上約二哩左右。從窗口到下面的景色的變化確實令人振奮。蔚藍的大海、山上明淨的房屋、柔軟的綠草、山腳下錯雜的市區，透過熱帶植物樹葉之間隱約可見。據說山頂和山下的溫度在冬季相差十五到十六度。」

常　夏　の　都　(香港)

香港の二月はゴムの樹が繁り、バナ、の實が熟れる常夏の風情である。蛇
紋樹の茂みから見下ろす眼下の景色は鯉門水道であつて、山の斜面に築かれ
た市街は種類の違つた屋根又屋根の層を作つて全市は美しい構圖を見せる。
一夜假泊した舷側から眺めた夜景は蓋し忘れられぬ印象を與へる。

左方建築是 1888 年落成的第三代聖母無原罪主教座堂，位於半山堅道十六號，當中以座堂尖塔最為突出。香港保衛戰爆發時，聖堂後方一條石柱被日軍炮彈擊斷受損，淪陷後，堂內的大鐘亦被日軍拆下鑄造軍器。明信片的圖題說：「常夏之都（香港）：香港的二月是橡膠樹茂盛、香蕉成熟的常夏風情。在茂盛的蛇紋木下所見的是鯉魚門水道，以及依山而建的市區由不同屋頂呈現出美麗的構圖。由停泊一夜的舷上眺望出去的夜景，給人難忘的印象。」

（香港憲兵隊檢閱濟）   大　正　公　園

日佔時期，香港動植物公園（俗稱兵頭花園）被改名為「大正公園」。「大正公園」鄰近總督府（即今禮賓府），日佔政府為了宣示主權，將公園改建為「香港神社」，供奉日本神祇天照大神，並在 1942 年後期封閉公園動工。然而，神社還未建好，日本已宣布投降。

在日佔期間改名為「大正公園」的香港動植物公園。明信片中可見一位應為富貴人家的千金，由手抱嬰兒的褓姆帶同在公園遊玩，兩位「媽姐」緊隨其後，其中一位遛著主人的小狗。

從「大正公園」遠眺中上環一帶，遠景可見九龍半島海岸線。

山腹の自動車道（大正公園附近）香關潛

「大正公園」附近的山路，約為現時的羅便臣道。

淺水灣酒店一角，遠處可望見淺水灣泳灘，是當時少數獲准開放予市民的泳灘之一。日佔時期，淺水灣被改稱為「綠ヶ濱」，淺水灣亦是香港保衛戰中一個重要防守據點，當時英軍便駐守於淺水灣酒店內。

泳客在淺水灣海灘划艇。淺水灣海灘在日佔時期被稱為「綠ヶ濱東亞海水浴場」。

上圖展示了日佔時期半島酒店的明信片。1941 年 12 月 13 日，日軍佔據九龍半島，並徵用半島酒店設為憲兵司令部，香港總督楊慕琦亦是在半島酒店簽下投降書。1945 年 8 月，日軍也在半島酒店宣佈投降。日佔時期，半島酒店改名為「東亞大酒店」，其明信片文字亦改用日文。

戰前及戰後的半島酒店的明信片，均使用英文文字。

04

日佔香港
日本人筆下的

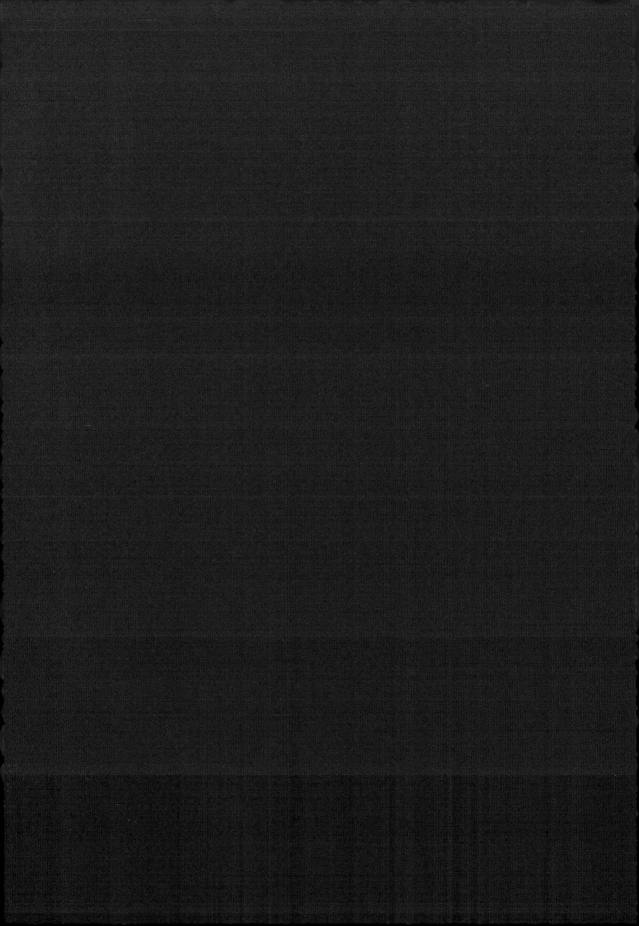

　　自明治時代以來，日本就開始派畫家跟隨軍隊往前線繪畫記錄畫，表面是弘揚所謂「軍威」，實際上是美化自己對別國野蠻的侵略行徑。1894 年甲午戰爭爆發後，淺井忠（1856–1907）、滿谷國四郎（1874–1936）兩位隨軍畫家就繪畫了不少戰爭記錄畫。1937 年抗日戰爭發生一個多月後，日本政府推行「國民精神總動員運動」，頒佈了《國民精神總動員實施要綱》，要求全國民眾不論性別、年齡以及職業，都要盡自己所能投入這場戰爭。美術界亦不能倖免，成為日本政府宣傳、美化以至煽動戰爭的文化工具。

　　在日本政府的鼓動下，不少畫家受陸軍省或海軍省徵召，成為隨軍畫家前往中國戰場從事記錄畫創作，即所謂「彩管報國」。儘管他們在戰場上親睹日軍種種暴行，他們的作品卻只會呈現出日軍的「輝煌戰績」、淪陷區的「百業興旺」，以及淪陷區民眾的「生活富足」，目的是要鼓吹日本政府提倡的「大東亞共榮圈」。

　　第二次世界大戰期間，日本國內的藝術和美術活動依舊活躍，只是題材由過去的風花雪月變成歌頌戰爭。1939 年陸軍美術協會成立，同年 7 月《朝日新聞》主辦了「第一屆聖戰美術展」，自此日本畫家不遺餘力地支援戰爭美術潮流，更在此後每年都策劃一兩個大型的戰爭美術展。1945 年 4 月舉辦的「戰爭記錄畫展」標榜展出各個戰場的作戰記錄畫，甚至創下以往十倍以上的入場人數紀錄，被稱為「二戰中戰爭畫全盛期」。

　　日本著名的隨軍畫家有小早川篤四郎（1893–1959）、小早川秋聲（1885–1974）等。小早川篤四郎的作品曾經入選帝國美術展覽會、文部省美術展覽會等。1935 年，他受日本政府委託繪製台灣歷史畫，台南市役所將這些作品整理成為《台灣歷史畫帖》，並於 1939 年發行。抗日戰爭爆發後，他加入日本海軍成為隨軍畫家，繪畫了不少戰爭記錄畫。小早川秋聲本名「盈麿」，據說是因為他年輕的時候非常仰慕宋朝文人歐陽修（1007–1072）的《秋聲賦》，乃取號「秋聲」。他創作的以戰死者為題材的《國之盾》，被日本軍方認為不符合其要求而拒收，是少數敢於不隨軍方調子的隨軍畫家。

　　這些隨軍畫家不少作品被製成軍事郵便式的明信片，供軍人使用，有數幅更是以香港保衛戰為主題的。

1941 年 12 月 8 日，太平洋戰爭爆發。時隔一年，香港佔領地總督部在同日推出了一套兩張明信片的「大東亞戰爭一周年紀念繪葉書」，圖為明信片套裝的紙摺。紙摺前方左下角文字可見發行者為「香港占領地總督部」，右上角寫上「昭和十七年十二月八日」，中間繪有從九龍尖沙咀遠望中環總督部及太平山的景色。紙摺後方標示明信片套裝定價為二十錢。

明信片繪有跑馬地馬場（日佔時期改稱「青葉峽競馬場」）的比賽盛況，並可見馬場跑道及看台景色。明信片上貼有一枚紅色的日本通用二錢郵票，郵票上的肖像是「乃本希典陸軍大將」，他曾任台灣總督、參與日俄戰爭，是日本有名的軍事將領。明信片的圖題說：「作為百萬市民完善的娛樂場所，觀眾席上可見開朗景色。」

明信片繪畫了 1941 年 12 月 12 日香港保衛戰中，英軍添馬艦自沉的情景。當時戰役失利的英軍退守至香港島，決定炸毀港內所有船隻，以免被日軍利用，包括主力艦添馬艦。明信片上貼有「乃本希典陸軍大將」肖像的日本通用二錢郵票，蓋上「大東亞戰爭一周年紀念，17.12.8，香港」郵戳。明信片的圖題說：「曾因生麥事件膽敢炮擊帝國領土薩摩，卻因反擊而狼狽拋錨。其後英屬香港最高指揮官的司令部軍艦添馬艦在大東亞戰爭爆發時自沉。」

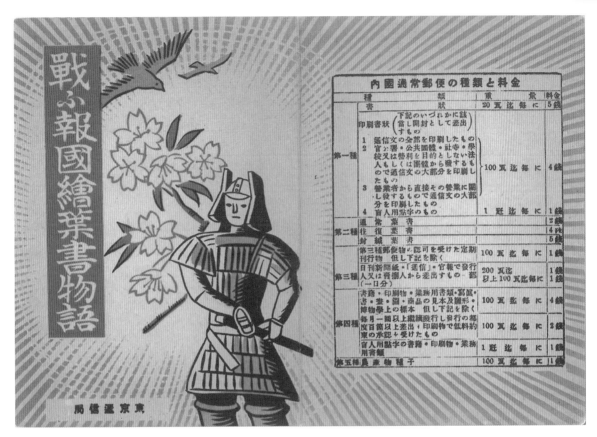

圖為 1943 年日本東京遞信省（戰時日本管轄交通、通信、電力等事務的行政機關）出版的戰爭記錄畫明信片宣傳小冊子的封面。圖左方繪畫了一位日本武士的形象，標題寫上「戰爭報國繪葉書物語」。圖右方則展示了當時日本國內通常郵寄種類及費用，明信片屬第二種郵寄種類，一般明信片郵費二錢，往復明信片四錢，密封明信片五錢。

宣傳小冊子內，有一則關於「大東亞戰爭紀念獻金報國明信片」的廣告。宣傳文字指日本各郵局將於 1943 年 12 月 8 日當天，發售吉岡、小磯、宮崎三大畫家的苦心之作「大東亞戰爭紀念獻金報國明信片」。圖下方標明策劃的組織為「日本展覽文化聯盟」。

國防献金と記念日附印

この報國繪葉書は典雅なタトウ入り、三枚當組金手拾錢

この中金拾錢は國防献金となる。

また全國一齊發賣と共に、十二月八日より十四日まで、普通集配郵便局（もとの一・二等局）で大東亞戰爭記念の日附印が使用される。葉書と共に永く記念すべきものとなるであらう。

きがは便郵

記引割報

戰爭と繪葉書

戰ふ國の戰ふ繪葉書！

戰爭と繪葉書物語として、戰爭關係記念繪葉書第一回の發行のことを識さねばなるまい。

第一回は、明治三十七年九月、六枚一組十二錢のものが「明治三十七八年戰役記念」として發行され、これから八回に亘つて各種のものが續々遞信省より發行された。何れも國民の士氣を昂揚し、國を擧げて戰爭のよき記念ともなつてゐる。

繪はがきも戰ふ！

繪はがきが單に愛玩される時代はすぎ去つた。今回發賣された「報國繪葉書」の如きは、國民の勝ち抜く決意を國防献金に示してゐるので、記念を兼ねる國防献金運動の一つと言つてもよいかも知れない。

一機でも多く前線へ飛行機を
一彈でも多く前線へ彈丸を送らう
報國繪葉書は文字通り一億國民の燃ゆる愛國の至情をこめた葉書となつた。

繪はがきのはじまり

繪葉書の歷史

御存じでせうか？

「繪はがき」の起りは友邦ドイツにはじまる。

西暦一八七〇年ドイツ「オルデンブルグ」なる、プロシャ宮廷御用書店鋏印刷業者「シュワルツ」が、普佛戰爭の時、兩親を慰めるために簡單な「私製繪葉書」を製作して發送したのが、そもゝゝのはじまりであると言はれる。戰爭と繪葉書の奇しき因縁を思はざるを得ないではないか。

日本の記念繪葉書の初まり

遞信省で記念繪葉書をはじめて發行したのは、明治三十五年六月のことで、「萬國郵便聯合加盟二十五年記念」として六枚一組五錢のものが發行された。

發行高約四十萬組、すばらしい人氣で百貨店などでは、その時使用した記念の日附印や繪葉書の圖案を、着物や風呂敷の圖柄にして賣出したと言はれる。

宣傳小冊子介紹了報國明信片中的內容，當中包括三張明信片，並附有典雅的和紙，定價中有十錢是國防獻金，如在普通集配郵局投寄會加上大東亞戰爭紀念郵戳。小冊子亦提及明信片的歷史及日本紀念明信片的初起，指出遞信省在明治三十五年（1902）六月初次發行紀念明信片，是為紀念萬國郵政聯盟二十五週年而發行的六張、價值十五錢的一組明信片。

上圖即前頁宣傳小冊子所提及，1943年12月8日由日本遞信省推出的「大東亞戰爭紀念獻金報國明信片」套裝，一套三張的明信片包含日軍在美國、新加坡及香港的戰役畫作。此為明信片套的紙摺前方，標示「大東亞戰爭紀念報國葉書（第一輯）」，並寫明為日本遞信省發行。紙摺後方標示其定價為三十錢，售價當中有十錢會撥作國防獻金，支持國家的戰爭開支，另寫有「內閣印刷局製造」字樣。

大東亞戰爭記念報國葉書　第一輯

遞　信　省

一　ハワイ眞珠灣强襲

吉　岡　堅　二筆

圖は國民銘記の昭和十六年十二月八日未明に於ける太平洋最大の米海軍基地ハワイ眞珠灣內なるフォード島飛行場を强襲せる我が海軍航空部隊による第二次爆擊決行の瞬間を描く。

二　香港黃泥涌高射砲陣地奪取

小　磯　良　平筆

昭和十六年十二月十九日、英國が大東亞蠶食の基點たる香港の一角遙かにジヤーデン監視山とその後方に南支那海の水平線を望む黃泥涌峽谷地帶なる敵高射砲陣地を奪取すべく皇軍猛攻の場面を描く。

三　シンガポール英軍の降伏

宮　本　三　郎筆

英國東亞侵略百年の牙城シンガポール陷落の昭和十七年二月十五日午後六時四十分、我が武威の前に白旗を揭げて投降し來れる英國マレー軍首腦部一行を描く。前方右端より司令官パーシバル中將、參謀長トランス准將、日本側杉田參謀、菱刈通譯、英國旗を持つマレー軍々政部長ニュービギン准將、通譯ワイルド少佐

明信片套裝內附有三張明信片的簡介

明信片繪畫了 1941 年 12 月 8 日,日軍襲擊美國海軍基地夏威夷珍珠港內機場,進行第二次轟炸的瞬間。畫家吉岡堅二(1906–1990)從 1938 年起擔任隨軍畫家,曾赴中國等地,此畫作繪於 1943 年,藏於日本東京遞信綜合博物館。明信片上貼有「大東亞戰爭一周年紀念」的五錢郵票,蓋上「大東亞戰爭紀念,18.12.8,平塚」紀念郵戳。

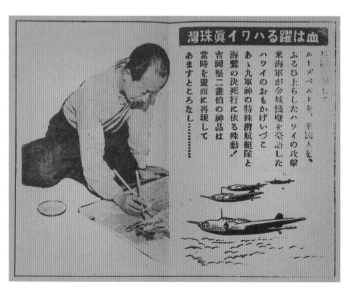

畫家吉岡堅二在繪畫日軍偷襲珍珠港時的情形。

明信片繪畫了 1942 年 2 月 15 日下午 6 時 40 分，駐守新加坡的英軍向日軍投降的情景。畫家宮本三郎（1905–1974）在戰時曾到香港等地繪畫戰爭記錄畫，此畫作繪於 1943 年，藏於日本東京的遞信綜合博物館。明信片上貼有「乃木希典陸軍大將」肖像的二錢通用郵票，蓋上「大東亞戰爭紀念，18.12.8，平塚」紀念郵戳。

畫家宮本三郎與其作品合影。

明信片繪畫了 1941 年 12 月 19 日，日軍於香港島渣甸山攻佔後方黃泥涌峽谷高射炮陣地的情景。1930 年代初期，英軍意識到黃泥涌峽在軍事上的重要性，所以在該處設置了高射炮陣地、機槍堡等防禦工事。日軍進攻黃泥涌期間，跟英、加兩軍在黃泥涌峽道旁爆發激戰，加軍指揮官羅遜准將（John K. Lawson, 1887–1941）及其同僚在此戰中全體殉職。畫家小磯良平（1903–1988）從 1938 年起任隨軍畫家，曾四次到中國創作戰爭記錄畫，此畫作繪於 1943 年，藏於日本東京遞信綜合博物館。明信片上貼有「大東亞戰爭一周年紀念」的二錢郵票，蓋上「大東亞戰爭紀念，18.12.8，平塚」紀念郵戳。

畫家小磯良平在繪畫日軍攻佔香港黃泥涌峽谷高射炮陣地時的情形。

明信片繪畫了 1941 年 12 月 20 日聶高信山戰役的戰況，由畫家宮本三郎繪製。日軍在當日凌晨開始攻陷香港島中部的聶高信山，直至晚上大致控制該處。此畫作繪於 1942 年，藏於日本東京國立近代美術館。

明信片繪畫了 1941 年 12 月 9 日日軍夜襲九龍城門水塘二五五高地的情景，即約在現今大帽山附近的孖指山。畫家伊勢正義（1907–1985）是日本戰時的隨軍畫家，曾在二戰期間到台灣、香港等地寫生，此畫作繪於 1944 年，藏於日本東京國立近代美術館。

香港島最後の總攻擊圖
（陸軍省許可濟）
香港方面陸軍派遣 山口 蓬春

明信片繪畫了日軍攻打香港島的情景，前景清晰可見尖沙咀九廣鐵路站及鐘樓，可以推測畫家應在半島酒店房間遠望窗外而繪畫此圖。畫家山口蓬春（1893–1971）是戰時有名的日本隨軍畫家，曾到台灣、東北及香港等地繪畫戰爭記錄畫，此畫作繪於 1942 年，藏於日本東京國立近代美術館。

（大東亞共榮圈）　　　香港島より市街を望む　　　（香港島）

明信片繪畫了日佔時期香港島北岸的景觀。畫家由西半山遠望昂船洲及九龍西部，前景可見當時密麻麻的香港英式建築。

明信片繪畫了香港政府向日軍投降的情景。1941 年 12 月 25 日傍晚，港督楊慕琦（右二）、駐港三軍總司令莫德庇（Christopher Michael Maltby, 1891–1980）（右一）及一眾英軍抵達半島酒店，在酒店三三六號室向日軍第二十三軍司令酒井隆（1887–1946）（左四，戴圓框眼鏡）投降。然而，畫中只有兩名英國代表，以人數的多寡對比，塑造出日軍的勝利姿態。畫家伊原宇三郎（1894–1976）戰時曾隨軍到台灣、香港及東南亞等地寫生創作，此畫作繪於 1944 年，現藏於日本東京國立近代美術館。

同樣的油畫明信片，亦曾以相紙印刷的形式出版。

05

百廢待興下的
戰後香港

隨著盟軍在中途島戰役、瓜達爾卡納爾島戰役取得勝利，日本在太平洋戰場已逐漸呈現出戰敗的勢頭。1945 年 7 月 26 日，中國、英國及美國共同發表了《波茨坦通告》，要求日本無條件投降。在日本無視《波茨坦通告》的情況下，美國於 8 月 6 日在廣島投下了第一枚原子彈，繼而於 8 月 9 日在長崎投下了第二枚原子彈。面對這種近乎毀滅性的攻擊，日本政府不得不慎重考慮投降。於是，由裕仁天皇（1901-1989）主持的御前會議召開，裕仁天皇最終接受《波茨坦通告》，並決定向盟軍投降。

御前會議結束後，外務省馬上通過日本駐瑞士及瑞典大使館發佈日本願意接受盟軍投降條件的命令，通過瑞士及瑞典這兩個中立國，通報其他同盟國。《終戰詔書》定稿交由內閣書記官重新撰寫，並提交給內閣成員簽字作實。裕仁天皇在日本放送協會錄音人員的協助下，將《終戰詔書》經由黑膠唱片的方式錄音封存，交由侍從長保管。至此，第二次世界大戰正式結束。

8 月 11 日，著名學者陳君葆在日記中寫道：「清早七點多，樓下馬姑娘來敲門，說要告訴我一些消息。這時我還在床上，急起來接她，原來真的好消息。據謂晨六時三藩市廣播：日本已肯無條件投降，惟希望能保留皇室，關於此點，特魯曼白宮發表謂徵中美蘇三國同意始能決定。」據此，早在日本正式宣佈無條件投降前四天，不少香港人已經知悉這個消息。

香港重光帶出了一個極難解決的政治問題，就是戰後香港的歸屬安排。歐美等同盟國已經取消對中國的不平等條約，香港應該交還予中國，美國總統羅斯福（Franklin D. Roosevelt, 1882-1945）在其任內亦認同這個安排。然而，英國態度非常強硬，堅持由其接收香港，並恢復在香港的殖民管治。

8 月 30 日，英國皇家海軍少將夏愨（Admiral Cecil Halliday Jepson Harcourt, 1892-1959）率領艦隊進入維多利亞港，宣佈成立軍政府，以接收政府機關、恢復水電供應、維持社會秩序，香港市民終於脫離三年零八個月的黑暗歲月。但是，市面仍是一片蕭條，糧食依然不足、傳染病流行，衛生環境更是非常惡劣，擺在眼前的是一個百廢待興的局面。

英軍政府首要的工作是解決糧食問題，一方面從其他地區輸入糧食，以增加供應；另一方面，對日常生活物資實行統制政策，凡糧食及燃料一律要由軍政府採購，再交由已認可的零售商，以軍政府議定的定價發售，市民則需要憑領配米證才可購買食米。統制政策實施兩個月後，軍政府取消部分物資的強制性統制，恢復一定程度的自由買賣。據統計，從 1946 年中期開始，香港人口已逐步回升到淪陷前的數目。楊慕琦在 1946 年 5 月復任總督，香港正式從軍政府過渡到文人政府。

Unit..No..

Date Taken..

Where Taken........*Hong Kong*....................

GIVE COMPLETE STORY OF PICTURE

Include following where applicable:
NAMES, with initials or first names, rank and hometown;
DETAILS of occasion or action; ALTITUDE flown and
FOCAL LENGTH of lens (in all aerial photos).

OFFICIAL U. S. NAVY PHOTOGRAPH

1946 年是香港重光後的第一年。當年 5 月，港督楊慕琦復職，恢復英國殖民管治。美國海軍水兵亦在當時登陸香港短暫停留。圖為 1946 年 5 月美國海軍在香港拍下的一輯相片的紙摺封套，寫有「Hong Kong」及「Official U.S. Navy Photograph」，異常珍貴。

1946 年中環砵典乍街（俗稱石板街）。重光後，香港街道重現熙來攘往的繁榮景象，
街道兩旁的店舖及攤檔重開，不少人到訪購物，亦有影樓在街上開設。相片前方，
可見有人頭頂貨物走路。

1946 年中環砵典乍街。相片前方有一位人力車伕，頭戴笠帽，面對鏡頭。後方的梯級行人來來往往，店舖招牌清晰可見。相片遠景為太平山。

1946 年中環砵典乍街。相片左方的婦女手執包袱匆忙過路。右方的男人頭戴笠帽，面對鏡頭，其身後有一輛轎子。轎和人力車仍是戰後初期市民代步的主要交通工具。

1946 年中環遮打道及畢打街交界，身穿白色水手裝的美國海軍聚集於該處。相片可見數位人力車伕在此地接客和落客，以及一些華人街坊及小孩身影。

1946 年中環嘉咸街。嘉咸街街市是香港最古老的露天菜市場，相片中可見不少攤販營業，雜貨、飲品店雲集，戰後該處重拾從前的興旺。

1946 年 5 月，美國海軍水兵的家眷隨行到達香港，在中環卜公碼頭上岸。相片左後方，一群華人碼頭咕喱駐足聊天。

位於大坑的胡文虎大宅，俗稱虎豹別墅，攝於 1946 年 5 月。虎豹別墅是東南亞商人
胡文虎（1882–1954）在 1935 年耗鉅資一千六百萬港元建造的私人別墅。

從美國海軍艦上遠望西環，時為 1946 年 5 月。

從美國海軍艦上觀望鯉魚門海岸的一艘帆船。鯉魚門是香港的防守要塞，美軍稱此地為「香港的入口」。

1946 年中環皇后大道中及畢打街交界。相片右方建築為華人行，內有大華飯店、美利權冰室和占美餐廳等有名的飯店，1970 年代末拆卸重建。相片最左方的建築是第一代的娛樂戲院，1990 年代改建為娛樂行。

1946 年灣仔軒尼詩道，是香港華人的生活縮影。相中可見一幢三層樓高的建築，一至三樓是居民住宅，洋台外
掛了不少洗好的衣服及被鋪。最底層是販賣日用品的商舖，包括酒、白米、荳品、油等，均是當時最普遍的民生
用品。

策劃編輯	梁偉基
責任編輯	朱卓詠
書籍設計	a_kun
日文翻譯	陳健成

書　　名	明信片中的日佔香港影像
著　　者	張順光　陳照明
出　　版	三聯書店（香港）有限公司
	香港北角英皇道 499 號北角工業大廈 20 樓
	Joint Publishing (H.K.) Co., Ltd.
	20/F., North Point Industrial Building,
	499 King's Road, North Point, Hong Kong
香港發行	香港聯合書刊物流有限公司
	香港新界荃灣德士古道 220–248 號 16 樓
印　　刷	美雅印刷製本有限公司
	香港九龍觀塘榮業街 6 號 4 樓 A 室
版　　次	2021 年 12 月香港第一版第一次印刷
規　　格	16 開（185 × 245 mm）160 面
國際書號	ISBN 978-962-04-4898-0